Muschelbruchstücke

Alexia Selbach

Sammlung an Gedichten (2014 - 2024)

2. Auflage 2024

Alexia Selbach
Blog: https://alexiaselbach.blog/
E-Mail: muschelbruchstuecke@alexiaselbach.blog

Gestaltung des Covers und Kalligrafieschrift: Anna Obermüller
Aquarellzeichnung der Perlmuttmuschel: Laura Wartini
Aquarellhintergrund der Autorin

Verlag: BoD · Books on Demand GmbH, In de Tarpen 42,
22848 Norderstedt, bod@bod.de
Druck: Libri Plureos GmbH, Friedensallee 273, 22763 Hamburg
ISBN: 978-3-7557-7809-7

Ich werde Zeilen verteilen und zusehen, was sie in euren Herzen auslösen.

Mein schönstes Gedicht?
Ich schrieb es nicht.
Aus tiefsten Tiefen stieg
es. Ich schwieg es.
– Mascha Kaléko

Verschrieben

Liebesanhang

Tintentropfen

Weltverbesserer

Gedankengänge

Zufluchtsworte

Stimmungsmacher

Verschrieben

Nun sitze ich hier: Stift in der Hand, leeres Papier, dabei habe ich so viel zu sagen. Ein Buchstabenwirrwarr in meinem Kopf, doch ich bleibe stumm, sage nichts. Du würdest mich eh nicht verstehen.

Worte wie Kaugummifäden

Ich vermisse das Gefühl tiefster Ergriffenheit, wenn die Worte aus mir hinausfließen, das leere Blatt Papier füllen. Wenn aus freudiger Inspiration Gedichte und Geschichten entstehen. Doch hier sitze ich vor dem leeren weißen Blatt und kann meine Gedanken nicht fassen, sie entgleiten mir ... Wörter ziehen sich wie Kaugummifäden in die L ä n g e ... Die Angst in mir wächst, mein Sprachgefühl verloren zu haben. Denn was bin ich, wenn nicht die Summe meiner Worte? Was macht mich aus, wenn nicht das, was ich zu sagen habe? Zeilen, die gegen das Vergessen der Welt kämpfen, der Versuch, eine bleibende Spur zu hinterlassen. Damit man sich an mich erinnert. Weil ich was zu sagen habe. Auch wenn das niemanden interessiert, will ich es gesagt haben. Wenn es jemanden interessiert, hoffe ich, dass meine Worte berühren. Ein bleibendes Gefühl hinterlassen. Vielleicht erwarte ich zu viel. Was ist schon meine Stimme unter vielen? Mein Schrei in die Stille? Mein Text in den Weiten des Internets? Wenn du das hier liest, sei dir gewiss, dass deine Worte zählen; deine Stimme gehört wird. Auch wenn es nur eine Person ist, die deinen Text liest; die dir zuhört.

07.01.18

Nicht schreiben zu können fühlt sich an, als hätte ich einen Teil meines Selbst verloren. Ich schreibe täglich und scheitere doch kläglich daran, meine Gedanken in Worte zu fassen. Denn wer bin ich, wenn nicht das, was ich sage und schreibe, weil ich es denke und fühle?

Wortfluss

Ich sehne mich danach zu schreiben
Im strömenden Wortfluss zu treiben
Wenn all die Worte so bedeutungsvoll scheinen
Auf der Suche nach den richtigen Worten trete ich auf der Stelle
Tut mir leid, ich weiß nicht weiter auf die Schnelle
Wieso stehe ich neben dir immer so neben mir?
Ich habe Angst, dass ich mich zwischen den Seiten verlier
Ein Wortfluss reicht schon lange nicht mehr
All diese Worte füllen ein Tränenmeer
Ein Ozean, um meine Gefühle zu ertränken
Werde mich nicht auf wenige Worte beschränken
Doch viel mehr Platz gibt mir dieses Gedicht nicht
Die Tinte verwischt, nimmt mir die Sicht
Und all meine Sehnsucht erlischt

13.03.23

Silbenzählerin
Starre auf weißes Papier
Schreib keine Worte

21.12.20

Wir reden viel – doch sagen uns nichts. Und all die unausge-sprochenen Worte liegen schwer auf meiner Zunge, bevor ich sie hinunterschlucke.

Ohne Worte

Ungesagtes liegt schwer im Magen
Unausgesprochene Worte benetzen die Zunge
Stehen zwischen uns
Lieb[ende]
Beiß mir auf die Lippe
Wenn du mich jetzt hier stehen lässt
Mich verlässt
Bitte [geh nicht!]
Ich muss dir doch noch sagen, dass [. . .]
Ich will nicht mitten im Satz —
Mitten im Wort —
Du bist fort
Und ich eine Hinterb[liebende]

29.07.20

Erinnerungssplitter verstreut in meinem Kopf. Dein Gesicht taucht auf aus dem Nebel des Vergessens ... Ich hatte doch den Klang deiner Stimme verdrängt – warum verfolgt er mich jetzt?

Du machst mich sprachlos

Früher waren deine Worte Musik in meinen Ohren.
Doch nun fühle ich mich von der Brutalität
Deiner Sprache erschlagen.
Ohnmächtig lausche ich deiner Stimme.
Früher hast du mich durch Küsse zum Schweigen gebracht.
Doch nun machst du mich sprachlos.
Du nimmst mir meine Worte.
Sind sie nicht alles was ich hab?
Kann ich dich haben, ohne was zu sagen?

16.01.18

Ich versuche ja,

zwischen den Zeilen zu lesen –

aber da steht doch gar nichts!

Sprich!

Sprich laut, sprich schnell.
Sag mir: Wie sprichst du?
Wie hörst du?
Hörst du mir zu?
Red doch mit mir!
Lass uns – lass uns –
Lass uns re-den, Spra-che le-ben.
Oder schweig.
Traust du dich
Still zu sein?
Musst du laut sein,
so laut, dass ich dich hör?
Hör mal, wie still es ist.
Wie laut wir – wie laut wir –
Wie laut wir spre-chen, uns un-ter-bre-chen.

16.10.18

Man ist erst dann mit sich selbst im Reinen, wenn man die stillen Momente aushält, in denen man sich selber denken hört.

Brüllende Stille

Ich ertrage diese brüllende Stille nicht
Wenn nicht mal eine Stimme zu mir spricht
Wenn man nur sich selbst denken hört
So mancher Gedanke einen verstört
Ein Gedankenmeer wogt im leeren Raum umher
Es hat sich in mir aufgebaut
So still und doch so laut

21.04.21

Stumm und Drang

So leer ... ohne Worte ... wortlos
Wer bin ich bloß?
Ich z e r f a l l e in Einzelteile:

P	u	r
	z	el
n	d	e

Buchstaben meines Inneren
Ich hab die Worte nicht, zu sagen ...

17.10.18

Ich verliere mich in Worten; wenn ich sie nur oft genug sage, verlieren sie ihre Bedeutung.

Buchstabensuppe

Ich starre auf die Buchseite, doch die Buchstaben fügen sich nicht mehr zu Wörtern zusammen. Jeder Buchstabe steht für sich a l l e i n, jedes Wort hat seinen Platz im Satz verloren. Ich lese, doch erfasse den Sinn des Gelesenen nicht. Die Wörter verschwimmen vor meinen Augen zu einer Buchstabensuppe:

B   c   e   s
    h   ne   p
p   s   a
u   b   t

    Der Text f ä l l t
von oben nach unten
        aus
               der Seite
                    heraus ...

17.01.18

Handschrift

Und es bleiben
Nur verwischte Buchstaben
Auf vergilbten Seiten
Verwelkte Blätter
Wo sich einst Dichtung und Kunst vereinten.

06.07.19

Verschüttete Tinte auf zerkratztem Papier
Wörter fügen sich nicht mehr zu-, zu-samm-, zusamm-en
z-e-r-f-a-l-l-e-n in Buchstaben
Ohne Sinn und Verstand
Geschreibsel und Gedankensplitter
zeigen die Verzweiflung des Dichters

31.08.18

12

Liebesanhang

Liebe, Sehnsucht, Verlangen. Alles nur Worte, die früher kaum eine Bedeutung für mich hatten; bis ich dich kennengelernt habe.

Nach deinen Armen sehne ich mich
zu kuscheln
abzugeben all das Gewicht
meiner Gedanken
und Gefühle
gehalten zu werden
dein fester Griff um mich
dein warmer Blick
der auf mir ruht
dein gleichmäßiger Atem
in meinem Ohr
nichts das die Stille durchbricht
als ein leises Wort
ein Hauch
ein Flüstern nur
ein Blick in deinem Gesicht
voll Verlangen
ein Blick der mir
so viel verspricht
was ich mir wünsche
oh mach dass
meine Schnsucht
erlischt
wie das Licht
auf deinem Nachttisch

17.12.17

Was ich vermisse: Ich liege in deinem Bett und atme dich ein, atme mich aus. Und die Zeit bleibt für eine Hundertstelsekunde stehen.

Mit jedem Fingerabdruck
Auf dir
Hinterlasse ich
Einen Teil von mir.

Mit jedem Kuss
Auf deinen Lippen
Zeige ich dir
Dass ich bleibe.

Mit jedem Seufzer
Unter dir
Hörst du meine Lust.

Mit jedem Streicheln
Auf deiner Haut
Hinterlasse ich
Meine Spur.

Mit jedem Hauch
An deinem Ohr
Sage ich dir
„Ich liebe dich".

28.08.18

Du und ich so unterschiedlich, doch das Herz schlägt gleich
Unsere Gegensätze vereinen sich; und wir werden eins.

Herzschlag

Gedanken fliehen vor deinem Herzschlag
Sein lautes Pochen beruhigt mich
In deinen Armen vergesse ich mich
Und bin doch so nah bei dir, so nah bei mir
Flüchtig streichst du mir eine Haarsträhne aus dem Gesicht
"Ich liebe dich, liebe dich, liebe dich"
Hallt es in meinem Kopf nach, den ich auf deine Schulter lege
Deine Arme legen sich schützend um mich
Du hältst mich fest – bitte lass nicht los!

08.11.18

Stiller Schrei

Stille Wasser sind tief, so tief
Erinnerst du dich, wie schief es lief?
Dein Schweigen zerfetzte mein Trommelfell
Ein Tropfen nach dem anderen, so schnell
Ein stiller Schrei schnürt meine Kehle zu
Ist das mein Gewissen oder meine Seele?
Die Stille spricht mit deiner Stimme
Sie raubt mir alle Sinne
Es hat sich in mir aufgebaut
So still und doch so laut
Ich schreie all meine Wut heraus
Doch niemand hört mich schrei'n
Stille Wasser werden Wellen sein
Lass mich nie wieder allein
Ja, stille Wasser werden Wellen sein

12.02.24

Liebesgedicht eines Mathematikers

Wir waren parallel; Punkte auf einer Geraden.
Wir waren deckungsgleich,
Du warst mein Spiegelbild.
Ich war die Lösung deiner Gleichung,
Du warst mein lang gesuchtes X.
Ich dachte, wir hätten mehr als nur einen gemeinsamen Nenner
Doch da habe ich mich wohl getäuscht.
Wir gleichen eher gegenläufigen Hyperbeln:
Wir nähern uns einer gemeinsamen Asymptote an –
doch erreichen sie nie.
Wir haben keine Berührungspunkte mehr.

03.05.15

Eine Welle von Sehnsucht wird aus meinem Körper gespült, als
ich deine lang ersehnten Lippen küsse. Verlangen schwappt an
den Strand meines Bewusstseins. Deine Lippen öffnen sich und
der salzige Geschmack überwältigt mich. Genussvoll schließe ich
die Augen und lasse die erste Welle über mich hinweg
schwappen. Lasse mich weit raus aufs offene Meer ziehen.
Eine Welle nach der anderen wird an den Sandstrand meines
Bewusstseins gespült. Bis eine herüber schwappt. Die Gischt
spritzt. Die Bettlaken sind feucht und ich treibe immer noch auf
dem Meer ...

Sehnsucht nach dir; Verlangen ungestillt
Überraschung im Bett; Erregung in mir
Überwältigung unter dir
Lust befriedigt; Liebe bleibt
Freiheit grenzenlos

09.09.18

Lust

Ein Kribbeln auf der Haut
Es hat sich in mir angestaut
Meine Hände fahren an mir herab
Kreiselnde Streicheleinheiten
Mein Körper gehört mir allein
Bin ganz bei mir, fühle in mich hinein
Sanfte Vibration, sich stetig steigernd
Glückshormone durchfluten mich
Komme zum Höhepunkt
Lust ebbt ab, Befriedigung bleibt

04.10.21

Spuren

Du hinterlässt Spuren von Vertrauen auf meiner Haut
malst mit sanftem Fingerkreisen Traumbilder auf meinen Bauch
Trotz der Hitze werden Zärtlichkeiten ausgetauscht
Ich fahre die Dehnungsstreifen an deinen Oberarmen nach,
verliere mich in ihren Linien
Kralle meine Fingernägel in deinen Rücken,
doch statt Veilchen entstehen Lilien
Unsere Zungen verfangen sich in einem wilden Tanz
Wir kämpfen mit wohligen Seufzern
gegen die Vergänglichkeit des Sommers an
Am Ende bleiben nur blaue Flecken,
doch ich werde sie nicht verstecken.

28.06.21

Karte

Ich möchte deinen Körper kartografieren
Deine Muttermale zu Sternenbildern verbinden,
wenn ich sachte über deine Haut streiche
Die Linien deiner Dehnungsstreifen entlang fahren,
ein Zentimeter pro Sekunde
Meinen Orientierungssinn verlieren
zwischen deinen Kanten und Kurven
Ich möchte meinen Weg ertasten, erschmecken
Deine Erhebungen und Senken genau erforschen
Bis mir jeder Quadratzentimeter so vetraut ist,
wie der Weg nach Hause; der Weg zu dir.

25.01.21

Distanz

So nah bei dir, doch so weit weg von mir.
So nah wie noch nie zuvor.
Bei dir. Bei mir. Bei uns.
Du nur einen Fingerbreit entfernt.
Nur einen Herzschlag.
Nur einen Kuss.
Doch nun die D i s t a n z zwischen uns un-über-brück-bar.
Strecke die Arme aus nach dir, doch bekomme dich nicht zu fassen.
Stehe vor dir, doch darf dich nicht berühren.
So nah und doch so fern.

30.03.20

ich
und du
irgendwie, irgendwo, irgendwann
digitale Nähe, emotionale Distanz
wir?

10.02.21

Du sagtest, ich hätte wen Besseres verdient. Du hättest keine Zeit für mich. Aber vielleicht finde ich nie jemand Besseren als dich. Wer weiß schon, was die Zukunft bringt? Ich hätte sie so gern mit dir erlebt.

Das letzte Mal

Ich will dich nur ein letztes Mal berühren
Deinen Blick auf mir spüren
Das Auf und Ab deiner Stimme hören
Auch wenn der Ton mich verletzt
Bin in letzter Zeit so gehetzt
Komme nicht mehr zur Ruhe
Gefühle verborgen in der Truhe
Worte wie Pfeilspitzen
Bohren sich in mein Herz
Ich weiß, ich hab es mir mit dir verscherzt
Jetzt ist da so viel Schmerz
Hab so viele erste Male mit dir erlebt
Fehlt noch das letzte Mal
Der Abschied von dir
Ich schließe die Tür.

16.03.18

Eingefrorene Gefühle kann man nicht in der Mikrowelle wieder auftauen.

Brühwarm

Teetrinkend sitze ich zwischen den Stühlen
In deiner kleinen Einbauküche voll geliehener Gegenstände
Brühwarm fließt die bittersüße Wahrheit
In meine gierige Kehle
Kein heißer Aufguss der Leidenschaft
Hab mir zu oft daran die Zunge verbrannt
Nur noch ein letzter Schluck rinnt mir am Kinn hinab

12.04.21

Rauch

Und es bleibt
Nur ein Hauch
Von Rauch
Nur ein Schimmer
Das sanfte Glimmern
Deiner Zigarette
Sie berührte deine Lippen
Wie einst ich

15.09.18

Glas

Wie Glassplitter bohren sich deine Worte in mein Trommelfell
Ich sehe durch dich hindurch
Als wärst du eine Glasscheibe
Du nimmst das Weinglas vom Tisch und schmeißt es an die Wand
Es verfehlt mich nur knapp
Glasscherben regnen auf uns herab
Und etwas tief in mir drinnen zerbricht

01.10.18

Unsere Liebe war wie eine Seifenblase. Schillernd schön schwebte sie, bis sie zerplatzte.

Lieber lebe ich allein, als mit dir zusammen zu sein.
Du denkst, wir ergänzen uns perfekt,
denn wir sind beide nicht komplett.
Doch das bedeutet nicht,
dass unsere Bruchstücke zusammenpassen.
Unsere Erinnerungen verstreut auf dem Fliesenboden.
Momente der Glückseligkeit, zerbrochen auf dem Küchentisch.
Unsere Lebensfäden verknotet als Wollknäuel:
Wir müssen sie trennen, ohne sie zu durchschneiden.

25.09.17

Kamera

Blicke angestrengt durch das Visier der Kamera
Drehe an der Blende, doch ich habe schon wieder
meinen Fokus verloren
Stelle die Belichtungszeit ein, doch du bleibst unterbelichtet
Das Bild bleibt verschwommen, denn ich bin zu nah an dir dran
Der Makromodus kartografiert all deine Makel
Ich zoome heraus und betrachte uns
Du bist perspektivisch weder Frosch noch Vogel
Schon wieder betätigst du meinen Auslöser
Ein weiteres Polaroid segelt zu deinen Füßen
Ich hebe es auf und betrachte es eingehend
Ein perfekter Fotomoment
Unsere Liebe für immer festgehalten
Doch das Polaroid verblasst
Die einst leuchtenden Farben werden überschattet
Kratzer und Flecken zieren das knittrige Bild
Vielleicht brauche ich doch eine neue Kamera

22.01.24

Du berührst mich mit deinen Händen sowie deinen Worten.
Du hinterlässt nicht nur Spuren auf meiner Haut, sondern auch
Funken von Hoffnung in meinem Herzen. Ein Gefühl von Gebor-
genheit lässt mich in deiner Nähe erschauern. Du gibst mir Ruhe
durch deine überlegte Art; dein stilles Verlangen. Du widersprichst
mir, wenn ich eine andere Sichtweise brauche. Wohin auch im-
mer uns das führt, ich genieße jeden Moment mit dir. Vielleicht
ist Liebe nicht die Antwort, doch in deiner Nähe bedrängen mich
keine Fragen.

Endlich angekommen

Das Gefühl von endlich angekommen
Glück selbst in die Hand genommen
Mit deiner Hand in meiner
Und deinem Mund auf meinen Lippen.
Lass mich am Cocktail der Liebe nippen
Einen Schluck voll Vertrauen nehmen
Das Getränk gemeinsam leer schlürfen.
Doch wenn nichts mehr übrig bleibt
Was bleibt dann von uns?
Mehr als der Schaum, der am Glasrand kleben geblieben ist?
„Träume sind Schäume …"
Nein, es gibt nichts, was ich hier versäume.
Sehe den Wald nicht, zu viele Bäume!
Wenn ich heute Nacht von dir träume
Weiß ich, dass ich nichts bereue.
Denn jede Sekunde mit dir ist so kostbar
Wie das ferne Funkeln der Sterne
Ach, ich hab dich echt gerne!
Hab dich so lieb, viel lieber als mir lieb ist.
20.05.18

Ich lebe für diese Momente, in denen sich mein Glück in deinen Augen widerspiegelt ...

Wenn ich in deine Augen blick'
Verlier' ich mich im Augenblick.

Glühend

Gebündeltes Licht
Trifft dich mitten ins Gesicht
Du wischst dir den Schweiß von der Stirn
Unsere glühenden Hände bleiben ineinander verschränkt
Die Sonne strahlt unbarmherzig vom Himmel
Wir springen von Schatten zu Schatten
Landen an einem ruhigen Ort am Flussufer
Verstecken uns vor der viel zu lauten Welt
Du wirfst dein Licht auf mich
Ein zarter Schimmer auf meiner Haut
Lodernde Liebe
Lust flackert auf
Erwartungsfreudig vermischen sich
Schweißtropfen, die von deiner Haut perlen
In meinem Mund, benetzen meine Lippen
Ich sonne mich in deinem Anblick
Tauche ein ins Funkeln deiner Augen
Du durchleuchtest alle meine Schattenseiten
Du leuchtest, du leuchtest
Und zeigst mir den Weg ins Licht

13.05.20/ 20.07.20

Tintentropfen

Sind Worte ohne Taten von Bedeutung?

Worte sind Waffen

Ich lade meine Tintenpatronen
Und ziele genau auf dein Herz
Ein Tintenklecks breitet sich auf deiner Brust aus
Es explodiert in deinem Kopf
Unterschätze die Kraft meiner Stimme nicht
Sonst bekommst du die Macht meines Stiftes zu spüren
Deine Faust verletzt nicht so sehr
Wie meine Worte, wenn ich sie gegen dich richte
Ein blauer Fleck verblasst
Doch die Narben meiner Sätze bleiben für immer
Mein Gesagtes wird bis ans Ende deines Lebens
in deinem Gedächtnis nach hallen
Worte sind meine Waffen
Und wenn du es darauf anlegst,
werde ich dich damit verletzen
Sprache ist Macht

12.07.19

Zeit für ein Gedicht. Ein paar Zeilen, nur für mich!

Nur ein Gedicht

Ich dichte jetzt und hier
Nur ein Gedicht.

Denn nur so nah bei dir
Fühl ich mich – im Jetzt und Hier.

Ich seh' in dein Gesicht
Sag es mir bitte nicht!

Ich will's nicht hören!
Nicht von dir –

Verdichtete Sprache!
Du sagst es mir.

Du siehst in mein Gesicht
Doch es ist – nur ein Gedicht.

04.02.14

Das Glimmern eines verlöschenden Tages ...

Schlagschatten fallen,
Die Sonne ist müde.
Besonnen blicke ich gen Himmel,
Vor der Welt verborgen.

Höre Wortfetzen,
Einsam in der Menge.
Nachtblaue Gedanken
ranken sich in meinem Kopf.

02.12.19

Schattenumriss
wie ein Scherenschnitt
doch deine Züge verblassen
nur noch schemenhafte Reste von
Dir

05.06.20

Morgengrauen

Das Nachtblau wird zu Tagblau
Die Ruhe winkt zum Abschied
Mein Kopf versinkt im Lärm
Es graut mir vor dem neuen Tag
Wer weiß, was er noch bringen mag?

18.01.21

Nebelstille

Alles um mich herum verstummt
Ich wabere aus meinem Körper heraus
Gebe mich ganz und gar dem Nebel hin, der mich umgibt
Mit leerem Blick starre ich dich an, doch sehe nichts
Deine Stimme versucht, die Nebelstille zu durchbrechen
Doch meine Ohren sind taub für deine Bemühungen
Ich öffne den Mund und ein Hauch von nichts entweicht

11.03.24

Lasst uns abtauchen in die Spiegelwelt, die wir in den Pfützen auf der Straße sehen!

Alles grau

Ich sehe überall nur grau.
Graue Regentropfen, die meine Sicht verschleiern.
Graue Gehwegplatten mit Pfütze, in die Schuhe hinein platschen, sodass graues Abwasser zur Seite spritzt.
Menschenmassen, die vorbei hasten.
Ich verblasse, werde Teil der gräulich zerfließenden Masse.
Sehe nur graue, verschwommene Umrisse.
Dabei wünsche ich mir doch nichts sehnlicher, als wieder klar zu sehen.
Schwarz und weiß zu unterscheiden.
Die Farben voneinander zu trennen.
Wieder bunt zu sein.
Wieder ich zu sein.

26.03.18

Inspiration: welch großes Wort für so kleine Dinge.

Alles bunt

Das Leben besteht aus bunten Farben,
expressive Pinselstriche auf weißer Leinwand.
Die Kunst zu leben haben viele noch nicht gemeistert.
Selbst die größten Malermeister können das Bild nicht deuten:
Ist das Kunst oder kann das weg?
Mal dein eigenes Bild
Kümmere dich nicht um die Kunstkritiker,
sie haben selbst noch nie Kunst geschaffen.
Schwarz, rot, orange, grün, blau, lila, rosa:
lass dein Bild strahlen in allen Farben!
Das Leben besteht aus mehreren Kunstrichtungen:
Eine davon bist du.

03.05.19

Leuchtspuren vergangener Tage; Irrlichter weisen den Weg

Kaleidoskop

Hoffnung in Glasscherben
Zerbrochene Träume
Blick in den Spiegel
Zu viele Gesichter
Dreh am Kaleidoskop
Schillernd
In all deinen Facetten
Strahlend
In allen Farben

08.09.20

Warte,
Auf Wörter,
Zwischen den Zeilen,
Wo Fantasie möglich ist.
Zwischenspiel

Alle Welten sind eine Welt in einer Realität, die wir nicht begreifen können, da sie auf anderen Ebenen verläuft als unsere Gehirnströme.

Verzerren Spiegelbilder die Realität?

Im Zerrspiegel der Fantasie
Sehe ich uns, wie wir nie sein werden;
wie wir immer sein wollten,
aber nicht sein können.
Unsere Spiegelbilder sind verzerrt – wer sind wir?
Wenn nicht die Worte, die uns verbinden?
Und ein Band von Fantasie, das alles zusammenhält.

25.08.18

44

Weltverbesserer

Vor meinen Augen spielt sich die Zukunft von gestern ab.

Sternschnuppe um Sternschnuppe fällt
Wie fallende Demonstranten
Den Asphalt schmecken
Wunsch für Wunsch
Die Welt ein bisschen gerechter machen
Denn wir sind mehr als Sternenstaub,
Der in der Atmosphäre verglüht.

23.08.20

Erst, wenn die letzte Flamme erlischt,
Der letzte Baum verbrannt,
Von Grün nur noch Braun und Schwarz bleibt;
Erst dann werden wir erkennen,
Was wir zum Leben brauchen.
Denn wer Bäume fällt,
Raubt sich die Luft zum Atmen.

08.10.19

Solidarität

Brüder und Schwestern aller Länder
Reicht euch die Hände
Lasst uns formen
Eine bessere Welt
In der jede:r so leben kann, wie es einem gefällt
Frei von Angst, Hunger und Diskriminierung
Egal welche Religion, Hautfarbe, Kultur,
sexuelle Orientierung oder politische Einstellung ihr habt:
Zeigt euch solidarisch mit euren Mitmenschen
Bewahrt ein offenes Herz und ein offenes Ohr
Liebe ist stärker als Hass
Gebt die Hoffnung nicht auf
Gemeinsam schaffen wir
Eine bessere Welt

13.05.19

Permafrost

An den Polkappen schmilzt das Eis
*Alle Wärme in der Atmosphäre und keine Wärme zwischen uns**
Junge Leute demonstrieren für eine bessere Zukunft, denn wen
kümmert schon der Permafrost?
Jeder Winter geht schneller vorüber
Es schmilzt, es tropft, es schwimmt
Wir werden im Schmelzwasser ertrinken
Wenn wir nicht jetzt handeln
Rettet die Eisbären! (oder so)
Wartet nicht auf eine nie kommende Eiszeit!

01.02.21

* Rapvers von Courtier

Alternative gegen Deutschland

Sie behaupten, sie seien die Alternative –
dabei beherrschen sie nicht einmal die Sprache des Landes,
das sie doch so sehr lieben!
Schnappe Wortfetzen voll Hass auf –
auch meine Toleranz kennt Grenzen,
denn sie wollen unser freies Land
eingrenzen, abschotten, beschränken.
Keine Toleranz mehr für Intoleranz!
Wahre Heimatliebe kann nicht
durch Hass auf andere propagiert werden!

05.12.19

Weiß und privilegiert (Rap)

Wir sind weiß und privilegiert
Wir sind weiß und privilegiert
Wir sind weiß und privilegiert
Wir sind weiß und privilegiert

Wir leben bequem, hier in unsrer Filterblase
Alles passt perfekt zusammen, wie damals, als wir Kinder waren
Nur du allein passt hier nicht rein
Wie du dich fühlst interessiert kein Schwein

Warum fühlst du dich so diskriminiert?
Das war nur ein Scherz
Ich hab dich nicht provoziert
Akzeptier' in deinem Herz:

Wir sind weiß und privilegiert
Wir sind weiß und privilegiert
Wir sind weiß und privilegiert
Wir sind weiß und privilegiert

Hast du nicht gestern noch argumentiert
Grundrechte seien keine Privilegien
Ich weiß nicht, ob es dich interessiert
Doch Weiße spielen nur nach ihren Regeln

Also, was regst du dich so auf?
Wann zählt der Mensch, nicht seine Haut?
Stellt sich dir diese Frage überhaupt?
Leute, ich fahre aus der Haut!

Wir sind weiß und privilegiert
Wir sind weiß und privilegiert
Wir sind weiß und privilegiert
Wir sind weiß und privilegiert

„Das darf man ja wohl noch sagen!"
Fühlst dich diskriminiert, doch profitierst von Farben

Wir sind weiß und privilegiert
Wir sind weiß und privilegiert
*Wir sind weiß und privilegiert ***
Wir sind weiß, weiß, weiß und privilegiert

19.05.21

*** Rapvers von Yassin*

Ich bin nackt (Rap)

Ich bin nackt, das ist ein Fakt
Trete nicht mehr in Kontakt
Blicke ziehen mich an, Blicke ziehen mich aus
Minirock und dann; gehe ich aus dem Haus

Lebe mit der Angst schon seit Jahren
Kann nicht mehr aus meiner Haut fahren
Denn ich habe sie einfach an
Um Gedanken einzufangen

Ich bin nackt und du kein Held
Ich bin nackt vor der weiten Welt
Ziehe mich nicht aus — nein, für kein Geld!
Doch fühle mich leider bloßgestellt

Meine Poren lassen vieles durch
Auch deinen Blick, du mieser Lurch
Ich bin nackt, das ist ein Fakt
Und dein Rollenbild ist abgefuckt

Ich bin nackt, das ist ein Fakt
Durch meine Art zu denken und zu reden
Mein Bild, das sich Menschen von mir nehmen
Ja, die Situation ist vertrackt

Kann mich nicht verstecken
Nicht vor ihren Umgang schützen
Eher würde ich verrecken
Als Sexismus zu unterstützen

Bin wohl nicht richtig angezogen
Deine Vorurteile sind anerzogen
Jedes Kleidungsstück nur eine Hülle
Schicht um Schicht der Manipulation in Fülle

Ich bin nackt, das ist ein Fakt
Du hast mich nicht kaputt gemacht
Ich verstecke mich nicht
Das ist mein wahres Ich

Ich stand zu lange neben mir
Jetzt stehe ich hier vor dir
Verleihe meiner Stimme Kraft
Nein zu sagen (und ja, es ist auch so gemeint)

Nein heißt nein, nur ja heißt ja
Netten Menschen ist das klar
Wer ficken will, muss freundlich sein
Du wahrst nur diesen Schein

Ob sie will, ist dir egal, nicht wahr?
Das Patriarchat hat verkackt
Hoffe, sie beißt deinen Penis ab
Wir sind nackt, das ist ein Fakt

Hast du dir das Gehirn weg gefickt?
Wir sehen uns dann vor Gericht
Mal schauen wie dir Fesseln stehen
Freu mich drauf, dich hinter Gittern zu sehen

20.05.21 / 23.01.24

Fragen über Fragen

Ich habe da eine kleine Frage
Warum stellst du keine großen Fragen?
Das darf man wohl noch sagen
Wenn du keine Antwort findest
Stellst du die falschen Fragen
Wird Zeit, dass du es kapierst
Unsere Gesellschaft agiert antwortbasiert
Das Problem ist egal, wir sind lösungsorientiert
Keine Zeit zu regenerieren
Du musst funktionieren
Reihe dich ein, wir marschieren
Bis wir unseren Sinn verlieren
Warum sind wir so fixiert
So ergebnisorientiert?
Hast du was geleistet
Oder nur existiert?

26.02.24

Freiraum

Zu viel Leistungsdruck und Verfolgungswahn
Ich will fliehen vor mir selbst
Doch meinen Schatten werde ich nicht los
Brauche mehr Raum für mich, um mich zu entfalten
Bin so gefangen in mir selbst
Befangen blicke ich auf die Welt
All die versklavten Menschen
Personalisierte Werbung, Propaganda, Presse
Wir haben unseren freien Willen verkauft
An Firmen und Konzerne
Pestizide in der Erde
Braunes Gedankenschlecht in den Köpfen
Wir müssen unseren Freiraum zurück erobern
Aufstehen für eine solidarische Gesellschaft
Laut sein für die verstummten Stimmen
Ich will frei sein
Damit Hans letzte Worte auf dem Schaffott nicht umsonst waren
(*„Es lebe die Freiheit"*)

14.12.20

Revolution

Rebell ohne Grund?
Nein, es gibt unzählige Gründe, aufzubegehren!
Erhebt eure Stimmen!
Für ein friedliches Miteinander
Und eine lebenswerte Umwelt.
Geflüchtete ertrinken im Mittelmeer,
Wälder und Tiere sterben,
Kinder ziehen in den Krieg,
Ganze Landstriche werden unbewohnbar.
Lasst uns diese Umstände nicht länger hinnehmen!
Seid radikal, aber gewaltlos!
Werdet Teil der Revolution!
Denn wann, wenn nicht jetzt?
Und wer, wenn nicht wir?

07.10.19

Gegen Ende

Gegen alle Vernunft gehe ich mit dir gegen Ende
Bleibst du bei mir, wenn das Ende der Welt in Sicht ist?
Und jegliche Lebewesen ihre Daseinsberechtigung verloren haben?
Wir haben diese Welt schon lange aufgegeben
Unsere halbherzigen Wiederbelebungsversuche waren
vergebliche Mühe
Aber ich gehe mit dir bis ans Ende
Lass meine Hand nicht los!
Ich bleibe mit dir bis ans Ende
(Bis wir aufhören, zu existieren)

28.12.20

Gedankengänge

Die Zeit zerfloss wie Dalìs Uhren ...

Zu schnell vorbei ...

Alles geht zu schnell vorbei. Die Zeit rinnt wie Sand durch deine Finger. Du greifst nach kostbaren Momenten, doch sie werden vom Winde verweht. In dieser Melancholie wiegen Gedanken schwerer als geflügelte Gefühle. Doch was ist ein Moment wert, wenn du ihn nicht wertschätzt? Ein Moment ist nur so lang, wie du innehältst und genießt. Du kannst den Fluss der Zeit nicht aufhalten; kannst nicht gegen den Strom schwimmen; du musst dich treiben lassen. Darum schenke jedem Augenblick deine Aufmerksamkeit, auch wenn es sich dabei nur um eine verschwindend geringe Unendlichkeit handelt.

21.06.19

wir sind nur ein Moment
doch nicht mehr
bis wir ihn fassen
entgleitet er uns
wir sind Anfang und Ende zugleich
hier am Rande der Zeit
nur ein Moment, der immerwährt

07.12.18

Ich laufe blind durch Gedankengänge, verirre mich auf der Suche nach meinem Bewusstsein.

Dieser Moment kurz vor dem Fall: Wenn du dich in Sekundenbruchteilen für eine Fallrichtung entscheiden musst, doch gelähmt von der Angst zu fallen es ohne Eingreifen geschehen lässt. Am Boden der Tatsachen angekommen suchst du deinen Gleichgewichtssinn. Wo ist er? Die Welt steht Kopf! Ein Perspektivenwechsel, neue Ansichten, alles anders …
Du hast Angst vor dem Neuen und Angst vor dem Alten.
Mit neuer Hoffnungslosigkeit erforschst du die Abgründe des menschlichen Seins – auf der Suche nach Glückseligkeit.
Manchmal schaut man in einen Abgrund und wünscht sich, man könnte fliegen. Du sagst: "Die Hoffnung stirbt zuletzt!"
Ja, aber sie stirbt.

19.07.17

Was bleibt?

Was bleibt von einem Augenblick?
Verloren im Strudel der Zeit.
Was bleibt vom geschriebenen Wort,
wenn die Tinte auf vergilbten Papier verblasst?
Was bleibt von einem Post?
Verschwunden in den Weiten des Internets.
Was bleibt von schönen Momenten,
wenn die Erinnerung daran schmerzt?
Was bleibt von deinem Versprechen, wenn du es brichst?
Was bleibt von deinem Kuss, wenn du danach wieder weg musst?
Was bleibt, wenn du nicht bei mir bleibst?
Nur noch die Erinnerung an dich in meinem Gedankenwirrwarr?
Was bleibt von all den vergossenen Tränen,
wenn der Trost nicht mehr reicht?
Was bleibt von dem Schaffen der Menschheit, wenn die Erde sich
ohne uns weiter dreht?
Was bleibt von der Ewigkeit?
Verläuft sich im Wandel der Zeit.
Nur eine verschwindend geringe Unendlichkeit?
Was wäre, wenn der Moment für immer bleibt?
Wenn man immer während im Augenblick verweilt ...
Welche Bedeutung hätte dann noch Zeit?
Was bleibt, ist der Moment im Hier und Jetzt;
die Blüte unserer Zeit.
Doch was wäre, wenn die Blüte unserer Zeit verwelkt?
Alles, was wir wollen, ist, dass der Moment für immer hält –
Im Angesicht der Vergänglichkeit unserer Welt.

12.06.18

Ich habe den roten Faden im bunten Wollknäuel meiner Gedanken verloren.

Gedankenfriedhof

In schillernd bunten Schluchten
Von Hirnwindungen und Gedankengängen
Zerträumt sich eine Idee
Verpufft in perlmuttschimmernde Fantasieblasen.
Durch Zweifel und Logikschleifen
Kämpft sich ein Gedanke
Bis er zergessen wird und ausgespien
Unter einen regenbogenfarbenen Grabstein
Auf dem Friedhof der Gedanken.

08.12.19

Meine autonom-repetitiven Gedankengänge sind in rapider, seriell-sequenzieller Dystropie.

Gedankenstrich

Gedanken kreisen umher
Winden sich in Spiralen im Kopf
Verkleinern und vergrößern sich immerzu
Nur selten lineare Gedankenstriche
Kein neuer Gedanke beginnt wo ein alter endet
Und so bleiben wir gefangen zwischen … und —

08.10.18

Neuronales Netzwerk

Neurotransmitter werden ausgeschüttet
Docken an Rezeptoren an
Botenstoffe werden entsandt
Ein neuronaler Kurierdienst, meistens sehr verlässlich
Doch manche Boten verirren sich

Gib mir mehr Serotoninwiederaufnahmehemmer
Gegen das biochemische Ungleichgewicht in meinem Gehirn
Adrenalin lässt mein Herz schneller schlagen
Genauso wie der Blick, den du mir zuwirfst
Du bist mein alles, mein Dopamin

Neuronale Netzwerke greifen weiter als menschliche Netzwerke
Es liegt uns in den Genen
Wir werden durch Hormone fremdbestimmt
Wenn wir unsere DNA verändern könnten, würden wir es tun?
Würden wir einen Teil unserer Identität löschen?
Degenerierter menschlicher Sondermüll
Designer-Babies, gezüchtet im Reagenzglas

Jugendwahn und Leistungsdruck
Noch mehr kranke Pillen
Sind nur noch leere Hüllen
Medizinischer Fortschritt um jeden Preis?
Was ist ein Menschenleben wert?

Multiresistente Bakterien fressen sich durch unser Immunsystem
Wie viel kostet deine Gesundheit?
Pharmakonzerne bestimmen den Preis
Wie Laborratten, gefangen in einem kranken System
Wir werden nicht mehr eure Versuchskaninchen sein!
Wie viel Ethik steckt in Genetik?
Schluck noch ein paar Benzos gegen Zukunftsängste
Die Zukunft liegt im Labor, aber immer noch in unseren Händen.

03.08.20

Unsere Gedanken treiben uns langsam in den Wahnsinn ...

Keine Lösung ohne Problem;
Tut mir leid, ich hab dich nicht kommen sehen ...
Wenn wir uns verändern, vergessen wir auch.
Wunden heilen, doch Narben bleiben.
Hochmut vor dem Fall; mutig im freien Fall nach unten.
Sag nicht vielleicht, wenn du es weißt.
Mach die Augen auf: es war nur ein Traum.

25.09.17

Selbst wenn du gehst; der Gedanke an dich bleibt.

Nächtliche Gedanken

Du bist so unglaublich weit weg – ein ungewohnter Blick.
Doch es fühlt sich echt an! So wie wenn du bei mir bist.
Stell mir vor, wie es wäre, bei dir zu sein:
Dich zu streicheln, deinen Atem auf meiner Haut zu spüren.
Hätte ich dich nicht, würde mir was fehlen.
In Gedanken bleibe ich über Nacht ...
Doch deine Züge verblassen.
Mein Blick sieht deinen Umrissen nach –
Wissend, dass sie verschwinden bei Tageslicht.

11.07.17

Zufluchtsworte

Manchmal reicht ein liebes Wort, eine nette Geste, eine herzliche Umarmung oder ein verständnisvoller Blick, um einem tristen Tag etwas Farbe einzuhauchen und jemandem ein Lächeln ins Gesicht zu zaubern.

Zufluchtsort

In deinen Armen
Suche ich Zuflucht
Vor der unerträglich lauten Welt
Ich bin so verloren in mir selbst

Doch in manchen Momenten
Wenn ich am Teich stehe und die konzentrischen Wasserkreise beobachte
Und dem leisen Blätterrauschen lausche
Wenn du mir sanft eine Haarsträhne aus dem Gesicht streichst
Und zärtlich meine Lippen küsst
Finde ich zu mir zurück

Ich hab mein Zuhause gefunden
Herbstlich fällt das Licht durchs Fenster
Taucht uns in Gold
Deine Nähe gibt mir Kraft
Denn so nah bei dir
Bin ich endlich wieder ich selbst.

14.10.19

Blickkontakt mit einem Fremden, ein Augenblick voll tiefstem Verständnis. Für diese Momente lebe ich!

Heimat ist ...

Heimat ist der betörende Duft von Jasminblüten
Heimat ist das türkisblaue Meerwasser am glitzernden Horizont
Heimat sind die faltigen Hände meiner Oma, die einen Teig kneten

Heimat ist Musik
Heimat ist Geborgenheit
Heimat ist Zuneigung

Heimat ist seine Hand, die meine hält
Heimat ist sein warmer Blick, der auf mir ruht
Heimat ist sein Lachen, das mich alles vergessen lässt

Heimat ist die Stadt, die immer schläft
Heimat sind bunt bemalte Wände
Heimat sind Straßen voller Menschen aus aller Welt

Heimat ist ein Zustand, kein Ort
Heimat ist ein Gefühl
Heimat ist emotionale Verbundenheit mit einem Ort

12.02.21

Vielleicht sind es die kleinen Momente zwischen der Realität; zwischen den Verletzungen der Vergangenheit und Gegenwart; zwischen Hoffnung und Zukunftsangst; die Momente, die das Leben lebenswert machen.

Tagträume

Ich blicke aus dem Fenster und träume mich fort
Weit weg, an einen anderen Ort ...
Versinke in mir selbst, in bodenlose Tiefen
Stille; bis auf die Geister, die wir riefen.
Hörst du den Gesang? Schief und doch schön.
Meeresrauschen in meinem Ohr
Sonne wärmt meine Haut
Das schrille Zirpen der Grillen
Und Mücken schwirren durch die Luft
Jasminblüten betören mit ihrem Duft
In der Ferne glitzert das Meer.
Die Sonne küsst den Horizont
So weich und sanft wie deine Lippen
Lass mich am Blütennektar nippen
Deine Berührung holt mich zurück
Die Wirklichkeit greift nach mir
Die Realität umarmt mich
Und mein Traumbild verschwimmt vor meinen Augen
Doch jeder Augenblick mit dir
Ist so schön wie meine Tagträume

11.08.19

Sonnenstrahlen verfangen sich in deinen Haarsträhnen, lassen sie golden leuchten. Du neigst deinen Kopf zur Seite, ein Lächeln kräuselt deine Lippen wie die Wasseroberfläche des Sees. In diesem Licht, in diesem Moment habe ich mich ein bisschen in dich verguckt. Guck doch nicht so überrascht, wenn ich dir sage, dass du wunderschön bist!

Sand

Weicher Sand unter unseren Füßen
Sandalen in den Händen
Lange Strandspaziergänge
Abermillionen von Sandkörnern
Versammelt auf diesem Fleckchen Erde
Eine kleine Unendlichkeit
Erstreckt sich bis zum Meer
Sandige Füße laufen darüber hinweg
Ein Foto hält den Moment fest
Auf ewig unveränderlich
Manche Unendlichkeiten sind kleiner als andere Unendlichkeiten
Und manche Ewigkeiten können überwunden werden
Halt den Moment fest
Denn genau jetzt ist er perfekt.

08.08.19

Da ist so viel Schmerz in mir. Aber ich weiß nicht, woher er kommt und ich weiß nicht, wohin er geht.

Wellenschlag

Der Schmerz kommt in Wellen. Er schwappt über mich hinweg, zieht mich aufs offene Meer hinaus. Eine Welle nach der anderen schwappt an den Strand meines Bewusstseins, zieht Sand und Muscheln mit sich. Meine Füße verankern mich im Meeresboden, mutig lehne ich mich gegen die tosende Brandung. Mein Gesicht salzverkrustet, die Tränen mischen sich mit dem Salzwasser der Gischt. Trotzdem: ich lebe – immer noch. Wellen tragen mich fort an einen anderen Ort, wo kein Schmerz existiert.

01.10.17

Ein ewiges Naturschauspiel
Ebbe
Flut
Ebbe
Flut reißt mich mit
Ich ertrinke in dir
Ich teile dein Meer
Du bist nur ein Muschelbruchstück
Am Strand der ewigen Unsicherheit

08.10.19

Regenschauer

Der Wind trocknet deine Tränen
Oder ist das nur der Regen?
Horch wie es sanft plätschert
Wenn der Himmel weint
Die Wolken sich von ihrer Last befreien
Ganz ruhig, atme tief ein
Schmeckst du das süße Versprechen
Der Regentropfen auf deiner Zunge?
Deine Spuren werden verwischt
Der Dreck von heute aus der Stadt gespült
Nicht mehr Tag, doch noch nicht Nacht
Bleib noch ein bisschen wach
In dieser blauen Stunde
Komm, dreh noch eine Runde
Lass die Regentropfen auf deiner Haut zerplatzen
Du kannst den Regenschauer nicht verhindern
Doch du kannst lernen, im Regen zu tanzen
Und wenn du die Augen schließt
Klingt der Regen wie ein leiser Applaus
Hörst du ihn auch?

31.01.18

*Die Nacht ist jung und jung sind wir. Komm, nimm meine
Hand und lass uns den Puls der Zeit spüren! Wenn die Sonne am
Himmel verglüht, treffen wir uns am alten Steg. Wenn das Licht
des Mondes unsere Gesichter erhellt, baden wir im See.*

Welch sternklare Nacht
Mich zum Dichten gebracht
Dies ist mir bisweilen
Noch unklar.
Möcht' ich doch so gern in ihr verweilen
Auf Sternbilder zeigen
Ohne mich zu beeilen
Sie zu nennen: mein Eigen.

29.07.14

Katze

Sternenklare Nacht
Ich streune durch die Stadt
Wurde schon zu lange nicht mehr gestreichelt
Man holte sich nur Bissspuren und Kratzer
Denn ich bin eine Katze in geheimer Mission
Hab so viele Leben, kann dieses eine aufgeben
Suche nach einem ruhigen Ort, um meine Wunden zu lecken
Fauche unterwegs jeden Fremden an
Auf leisen Pfoten schleicht der Tag heran

26.10.20

Funken sprühen vom Lagerfeuer in die nachtblaue Luft. Er-
leuchtete Gesichter und kalte Füße. Je weiter der Mond über den
Himmel zieht, desto philosophischer werden die Gespräche. Ein
Auflachen hier, ein Augenzwinkern da. Gesprächsverläufe flam-
men auf und erlöschen mit der Glut.

Ein letzter Streifen Farbe
Das sanfte Glimmern des Tages, der in die Nacht übergeht
Ruhe legt sich über den See
Umfängt uns in stiller Erwartung
Auf nächtliche Abenteuer
Gespräche am Lagerfeuer
Lachen, quatschen, machen
Komm doch mit!
Wir holen Feuerholz!
Trag deine Augenringe mit Stolz.

01.07.18

Kalte Nebelschwaden
In der Nachtmelancholie
Glimmende Dunkelheit
Saugt das letzte bisschen Hoffnung
In die Tiefenschatten
Mein Mund bewegt sich
Doch ich bleibe stumm
Unfähig, das Schweigen zu durchbrechen

29.11.18

Lockdown Blues

Die Gitarre verstimmt
Deine Stimme verstummt
Das Lied verklingt

31.03.21

Ich will über das „dazwischen" schreiben.
Über die kleinen Momente, die das Leben ausmachen.
Keine wichtigen Ereignisse, keine großen Gesten.
Sondern ganz alltägliche Dinge.
Indem ich darüber schreibe, schätze ich sie wert.
So wie Momente voll Liebe mit ihm, in Schrift verewigt.

02.02.19

Ein Blick ins blaue Nichts
Wolken nehmen mir die Sicht
Sehnsuchtsvoll reckt der Baum seine kahlen Äste
Zu fassen nichts als Dunstschwaden
Wolkenfetzen seiner Begierde gleiten ihm durch die Arme

25.01.18

Wolken neigen sich zu einem feuchten Kuss
Nebelarme strecken sich aus
Zu fassen nichts als Luft und Liebe
Sauerstoff und Stickstoff vereinen sich zu Kohlenstoffdioxid
In einem unendlichen Liebesspiel
Schwindende Berührungen
Den Blick gen Himmel gerichtet
Schwebe ich hinfort
Hoch hinauf zu den Wolken
Die mich sanft willkommen heißen
Zärtliche Umarmung der Dunstschwaden
Grenzenlose Freiheit zum Greifen nah

17.09.18

Zersetzte Blätter wispern Geheimnisse in die Erde ...

Der Herbst in mir

Mein Seelenregenbogen erstreckt sich über den Himmel.
Kalenderblätter ändern die Farbe.
Was bleibt von ihnen übrig,
wenn der Wind durch Baumkronen bläst?
Farbfetzen in rot, orange und gelb fallen zu Boden,
Äste werden entblößt
Und mitten in diesem Herbststurm stehe ich.
Gedankenfetzen wirbeln umher, zerren an Erinnerungen.
Herbstlich fällt das Licht durch die Blätter,
Taucht alles in ein goldenes Licht
Und verdrängt Schatten und schwarze Gedanken.
Die Luft ist angenehm kühl, lässt sich gut atmen.
Einige letzte warme Sonnenstrahlen kitzeln nackte Haut,
Erinnern an den langen Sommer.
Doch nun steht der Herbst vor der Tür.
Lässt du ihn ein?

06.09.18

Benebelt
Rote Punkte tanzen vor ihren Augen
Arme tasten nach Halt
Hände greifen nach der Wirklichkeit

Benommen
Der Sog der Angst zieht sie tiefer
Sie ertrinkt im Gedankenstrudel
Verzweifelt kämpft sie um Klarheit

Besorgt
Blicke richten sich auf sie
Kalte Finger fühlen ihre Stirn
Ein angenehm kühles Nass rinnt ihr Kinn hinab

Blau
Wohlige Wärme umhüllt sie
Rufe zerstreuen sich
Sirenen klingen nach

19.02.19

An kalten Tagen

An kalten Tagen
Wenn die Lichtwellen zu kurz sind, um uns zu erreichen
Dann stapfe ich raus in den Schneeregen
Um mich zu spüren
Und all die Kälte in mir

Der Morgen schickt eisige Grüße
Versuche, meine Frostbeulen hinter dicken Schals zu verbergen
Gib mir deine Wärme
Mein Innerstes gefriert
Bin zu weit weg von dir
Nebelschwaden wabern um mein Bewusstsein
Schattengedanken senken sich herab

Gib mir deine Hand
Lass mich jetzt nicht allein
Ich will immerzu bei dir sein

09.12.20

Mit Worten kämpfen gegen das Vergessen ...
Erinnerungen werden von der Zeit gefressen.

Ich will vergessen
Ich will vergessen, was zwischen uns war
Ich will vergessen, dass es nie mehr so sein kann wie früher
Ich will vergessen, wie du mich angeschaut hast

Ich will nicht denken
An das, was war und all das, was die Zukunft noch bringt
All die Sorgen zermartern mir das Hirn
All die Ängste rauben mir den Schlaf

Ich will frei sein
Frei wie der Wind, der die Blätter trägt
Frei wie das Meeresrauschen in weit entfernten Ländern
Für einen Moment: einfach nur frei sein

Ich will vergessen
Deinen sorgenvollen Blick, deine warmen Hände auf meiner Haut
Ich will endlich wieder ich sein
Ich will lieben, vor allem mich selbst.

23.09.19

Keine Angst

Sorgenspäne fallen auf milchweiße Haut
Der Abgrund ist nah, fühlst du das auch?
Tränenspuren ziehen tiefe Furchen
Nimm meine Hand, nimm meine Angst
Ich möchte vergessen, was mich kaputt macht
Mich verstecken vor der Fratze, die immer noch über mich lacht
Die Frage, wie es mir geht, stets mit okay beantwortet
Versprechen lösen sich in Rauchsäulen auf
Jeder Blick in den Spiegel stärkt die Unsicherheit
Doch ein liebevoller Blick von dir reicht
Setzt meine Scherben zu einem neuen Ganzen zusammen

Mein Spiegelbild bricht
Egal, was jetzt noch passiert
Ich habe keine Angst mehr
Denn du bist bei mir

23.05.23

Funkeln

Blicke verlieren sich in Gedankengalaxien ...
Dein Leben nur ein Wimpernschlag im Zeitgefüge
Wir sind nur ein Moment, nicht mehr und nicht weniger
Nur ein kleiner Riss im Raum-Zeit-Kontinuum
Eine verschwindend geringe Unendlichkeit
Ein winziger Ausläufer eines Fraktals
Lass los, Weltenwanderer
Übergib dich den unendlichen Weiten unseres Universums
Kehre zurück zu den Sternen, aus denen wir einst entstanden
Sterne sterben, Sterne funkeln
Die Erinnerung an dich verweht wie Sternenstaub
Los, tauche ein in den Nebel des Vergessens
Geselle dich zu den Gestirnen
Funkle mit ihnen um die Wette
Und weise einsamen Wanderern den Weg

01.12.19

Stimmungsmacher

Es gibt keinen Mittelwert für mich; nur Extrempunkte. Ich bin voller Widersprüche und scheitere daran, meine Gegensätze zu vereinen; ich fühle entweder alles oder nichts.

Auf der Suche

Ich wandle durch fremde Welten — auf der Suche nach mir. Manchmal hab ich Angst, dass ich mich darin mehr und mehr verlier'. Doch ich suche nicht, was ich find: All die Selbstzweifel, gefangen in bruchstückhaften Erinnerungen. Verdrängte Gefühle und vergessene Gedanken bahnen sich ihren Weg durch mein Unterbewusstsein ... fordern meine volle Aufmerksamkeit. Ich bin ein wandelndes Paradoxon: so voller Widersprüche; scheitere täglich kläglich daran, meine Gegensätze zu vereinen. Vielleicht ist es nicht so wichtig, sich vollkommen zu fühlen. Ich glaube, ein Teil von mir wird immer auf der Suche sein; kehrt nie mehr ganz zurück. Ein Bruchstück meiner Seele: In tausend Scherben zersprungen. Ich kann doch nicht alle wieder aufsammeln. Selbst wenn, setze ich sie wieder neu zusammen. Werde nie mehr so sein, wie ich früher einmal war.

06.08.20

Unbedeutend wie ein Sandkorn in der Wüste; ein Staubkorn in den Fängen des Windes; ein Augenblick in den Krallen der Zeit.

Kintsugi

Keramik, zerbrochen, mit Gold geflickt.
Unsere Körper, uns're Seel' übersäht mit Narben;
Die wir durch Trauer und Liebe erhalten haben.
Doch mit offenem Herz betrachtet und gewollt
Werden wir sehen: Narben sind Silber und Gold.

Unsere Narben gehören der Vergangenheit an;
Zeugen unseres inneren Kampfes,
Zeichen unserer Stärke –
Denn wer trotz allem nicht aufgibt, zeigt keine Schwäche!
Finger fahren Linien auf weicher Haut nach ...
Sieh nur, die Umrisse verblassen!
Deine Züge so fein, deine Haut so zart ...
Eine kleine Narbe zeichnet sich ab unter deinem Bart.
Rasierklingen und Operationen, zerbrochene Lieben und beendete
Freundschaften fügten uns Verletzungen zu.
Wir sind so wunderschön kaputt,
doch wir tragen unsere Narben mit Stolz.
Blick in den Spiegel: du hast sie nie gewollt!
Aber ... siehst du denn nicht?
Narben sind Silber und Gold.

29.11.19

(Erste Strophe geschrieben von Peter)

Epiphanie des Tages: ich bin wunschlos unglücklich.

Ich weiß nicht wohin
Ich stehe auf einem Berg voll Hoffnung
Unbegrenzte Möglichkeiten, so weit ich blicken kann
Ungenutztes Potential, zum Greifen nah
Wie vorbeiziehende Wolken, hinterm Horizont verschwindend

Ich sauge Symphonien voll Melancholie in mir auf
Raue Stimmen voll Reue und sehnsuchtsvoll wimmernde Violinen
Perforieren mein Trommelfell, gehen unter die Haut
Deine Lippen bewegen sich, doch für mich bleibst du stumm

Zu viele Worte an die Bedeutungslosigkeit verschwendet
Rhetorische Schuldfragen klagen mich an
Hab mein Gewissen zurück in den Schrank gestopft
Die Tür fest zugeknallt, bevor man einen Blick
auf mein Geheimnis erhaschen kann

Raus in den kalten Regen, lauf lauf lauf!
Mit jedem Schritt weiter sinke ich nur tiefer
Doch wenn ich stehenbleibe, werde ich ganz verschluckt.

02.05.20

Wegrand

Wenn das nicht mein Weg war;
Bin ich dadurch von meinem Weg abgekommen.
Nun stehe ich ratlos am Wegrand;
Am Rande der Verzweiflung ...
Suche nach Spuren im Laub, um zurückzufinden
Zu meinem alten Ich.
Hier am Rande der Gesellschaft
Ist es einsam ohne dich.
Am Rande meines Verstandes verliere ich mich ...
Muss zurück auf den rechten Weg,
Doch ich taumle nur entlang; am Wegrand meines Lebens.

07.10.19

Atem

Diese Welt raubt mir den Atem, doch
Ich atme den Regen, ertrage das Leben
„Lass deinen Atem fließen
Du musst das Leben genießen"
Einatmen
Lungen füllen sich wider Willen mit Luft
Anhalten
Ein Moment in der Schwebe
Ausatmen
Press' Kohlendioxid raus
Aufatmen
Der ewige Kreislauf des Lebens (bis zum letzten Atemzug)

10.09.20

Weiße Wand

Starrer Blick auf die weiße Wand
Augen suchen, doch sehen nichts
Und die Wände kommen näher ...
Ohrenbetäubende Stille taucht alles in Watte
Du bist allein mit der weißen Wand
Ohne Sinn, ohne Verstand
Und die Wand rückt näher ...
Alles ist weiß und weiß ist nichts
Nichts, was im Leben wichtig ist
Erdrückt von der Leere
Ein tonloser Schrei erfüllt den Raum
Weiße Wände rücken näher ...
Du bist allein.

14.05.19

Nebelwand

Leerer Blick auf weiße Wände
In meinem Kopf wabern Gedanken umher
Unsichtbare Hände greifen nach mir
Ich befreie mich mit einem lautlosen Schrei
Und renne voll gegen die Nebelwand
Die mich wie eine semipermeable Membran durchlässt
Ein Teil von mir bleibt zurück

09.12.19

Ich will nur noch schlafen ...
Oh du süßer Schlaf: umfange mich in deiner Umnachtung!

Nachtblaue Gedanken
schwirren wie Motten umher
auf der Suche nach dem Licht.

Gewohnte Einsamkeit
deckt dich zu
Sehnsucht nach
vertrauter Zweisamkeit
wird mit jedem Uhrticken größer.

Stille Nacht
bis auf das leise Ticken
des näher rückenden Morgen
Und unruhige Gedanken
halten dich wach

Gute Nacht!
Schlaft gut, ihr nachtblauen Gedanken

09.06.19

Endstation

Schlaflos durch die Nacht; ruhelos, ohne Rast
Blinzle hoch zur Anzeigetafel
Kein Gedanke beginnt, wo ein anderer endet
Alle kreiseln in Endlosschleifen in meinem Kopf umher;
fahren Ringbahn
Keine Achterbahnfahrt der Gefühle, eher so Kreisverkehr
Nur Abstellgleis, kein Zielbahnhof
Schalte mein Hirn auf Autopilot
Und fahre voll gegen die weiße Wand
Ohne Sinn, ohne Verstand
Kein Schleudertrauma, nur Sackgasse
Verstehst du auch nur Bahnhof?
Vielleicht erwischen wir noch den letzten Zug
Fahren bis zur Endstation, bis wir Zuhause sind

22.10.20

Nur ein Tropfen

Schweißtropfen rinnen hinab,
Hechelnd, nach Wasser lechzend;
Doch nichts kann meinen Durst stillen.
Im goldenen Abendlicht
Verglüht die Welt im Angesicht
Zerbrochener Tagträume.
Über den Wolken war die Freiheit zum Greifen nahe,
Doch hier unten im Hotelbett, Klimaanlage läuft;
Flehe ich die Nacht um Schlaf an.

22.06.19

Ich sehe meinen Wahnsinn ganz klar.

Angst

Sie liegt schwer in meinem Magen
Presst mein Herz zusammen
Zieht an meinen Armen
Zerrt an meinen Nerven
Nimmt mir die Luft zum Atmen
Ich werde sie nicht los
Sie erfüllt mich
Lässt keinen Platz übrig
Keine Panik, es ist doch nur Angst!

09.03.18

Schwindel

Spür' den Boden nicht mehr
Alles dreht sich und bewegt sich
Unsere Welt im ewigen Kreislauf
Drehe mich immer weiter um mich selbst
Fliege aus dem Gedankenkreisel und bin
Für einen kurzen Moment
Schwindelfrei

15.06.20

Wahre Worte strafen Lügen.

Die Lüge

Ich fass' es nicht, du stehst da
Sagst mir die Lüge ins Gesicht
„Ich hasse dich!"
Glaubst du wirklich, ich entdeck' sie nicht?!

Stehst da mit ausdrucksloser Miene
Doch ich kenne dich zu gut
Weiß, was sich dahinter verbirgt
Seh' du findest keine Ruh' !

Deine Augen huschen hektisch
Hin und her; und her und hin.
Aber ich durchschaue dich
Halt' dir einen Spiegel vors Gesicht!

Sehe in dich hinein …
Dein Gewissen ist nicht rein.
Du siehst durch mich hindurch;
Merk', dass du's versuchst!

Warum fällt es dir so schwer,
Die Wahrheit zuzugeben?
Wie kannst du bloß damit leben?
Sprich sie endlich aus!

30.07.14

Lebenslüge

Wir belügen uns selbst
Jeden Tag setzen wir ein Lächeln auf
Doch unsere Augen verraten den inneren Schmerz
Denn jeder hat sein Päckchen zu tragen
Mancher schleift gar ein Paket mit sich herum
Darum lasst uns einander mit offenem Herzen begegnen
Es braucht nur einen aufrichtigen Blick
Ein ehrliches Bekunden von Interesse
Ein ernst gemeintes „Wie geht's dir?"
Das unsere Lebenslüge enttarnt
Sei ehrlich mit dir selbst
Lebe deine Wahrheit

29.07.19

Ausbrechen aus alten Zwängen!
Ausbrechen aus geschriebenen Zeilen!
Ausbrechen aus verstaubten Gedanken!
Ausbrechen aus eingeübten Verhaltensmustern!
Befreie dich von deinem alten Selbst
mit einem lauten Knall!

22.10.18

Ich bin mehr wert als das, was ich manchmal von mir denke.

Meine Gedanken entgleiten mir in die Ferne
Ich greife nur ins Leere
Das ständige Auf und Ab meiner Gefühle
Macht mich so müde
Denn auf jedes Tief folgt ein Hoch
Aber umgekehrt auch
Ich hätte so gerne an mich geglaubt
Alles richtig gemacht, in einem Lauf
Doch ich steh mir selber nur im Weg
Und jetzt ist es für alles zu spät

05.10.18

*Lautlos zieht das Leben an mir vorbei. Kostbare Zeit, an Bedeu-
tungslosigkeit verschwendet. Trotz Gewissensbissen und Gedanken-
qualen, willenlos, in Angst verharrend. Unbemerkt entgleitet meine
Zukunft, rückt in endlos weite Ferne. Bis ich den Mut aufbringe,
mein Leben wieder selbstständig zu leben – oder endgültig den
Schlussstrich zu ziehen.*

29.03.20

Ewigkeit

Wo verbleibt die Wirklichkeit?
Wann spüre ich wieder Glückseligkeit?
Worin ruht die Ewigkeit?
Ach, sie fehlt mir; diese schöne Zeit.

06.12.14

Wer sind wir und wer wollen wir sein?

Wer sind wir und wer wollen wir sein?
Bin ich dein; bist du mein?
Ich bin ein wandelndes Paradoxon
Glücklich und traurig zugleich
Ein verwirrendes Oxymoron
Male in kuntergrau und dunkelbunt
Immer noch auf der Suche nach mir
Hoffe, dass ich mich nicht verlier'
Ja, ich bin ambivalent
Vorurteile haben mich bedrängt
Du nennst mich egoistisch
Denn dein Denken ist beschränkt
Ich bin so, wie ich bin und mach was d'raus
Nimm mich an oder lach mich aus
Nein — verflixt
Ich schulde dir nichts!

Wer sind wir und wer wollen wir sein?
Ich bin genug, halt mich nicht klein
Denkst du wirklich, ich bin allein?
Sehe ich dich wie du mich oder nicht?
Unverständnis spiegelt sich in deinem Gesicht
Du ziehst dir meine Schuhe an und ich renne weg:
Ich renne weg! Vor allem meinen Sorgen
Ich renne weg! Vor den Problemen von morgen
Doch ich — weiß, dass das selten geht
Ich bleib' — immer wieder vor mir selber steh'n.

Wer sind wir und wer wollen wir sein?
Renn' los, doch brech' dir kein Bein
Es geht über Stock und Stein
Und auch ich will rennen, doch bin zu müde
Das ist weder eine Ausrede, noch eine Lüge
Ich lege mich auf den nassen Asphalt
Mir ist so unfassbar kalt
Schließe die Augen, denn
Es ist ermüdend, in unserem Körperbau zu wohnen
Wir bewegen uns dauernd in Grauzonen
Auf der Suche nach einem bunten Graffiti
Und vielleicht finden wir unterwegs (rein zufällig) uns selbst.

19.05.21

Gefühlschaos

Ein Schwermutstropfen bringt das Fass zum Überlaufen
Mit Veränderungwut im Bauch und Freundeskummer in der Brust
So viel Gedankenschwere, so wenig Gefühlsleichtigkeit
Ein Hoffnungsschimmer verspricht Freudenmomente
Doch diese Grundgenervtheit ist so präsent
In dieser Alltagstrostlosigkeit
Flüstert Verlustängste und Versagensängste
Wandelt Glücksgefühle in Selbstsabotage
Eine Liebesblase treibt durch Unsicherheitsgewässer
Ein Gedankenmeer wogt im leeren Raum umher
Es hat sich so viel angestaut
Ich bin so still, mein Kopf zu laut

10.10.23

Spiegelbild

Ich bewohne einen Fremdkörper
Wabere aus mir heraus
Fasse mich an, doch greife dabei nur ins Leere
Mein Spiegelbild lügt mir wieder frech ins Gesicht
Hatte zu viele Spiegelunfälle
Ich sammle die Scherben vom Boden auf
Und setze sie neu zusammen
Ein Teil von mir bleibt im Spiegel gefangen

17.06.23

Vom Schatten ins Licht

Da, wo selbst die Lichter Schatten sind
Am Rande der Stadt
Bist du entlang gewandelt
An seelischen Abgründen

In dunklen Gassen
Kriecht die Einsamkeit hervor
Halte dich versteckt
Damit sie dich nicht entdeckt

Denn da, wo selbst die Lichter Schatten werfen
Kein Lichtstrahl die Dunkelheit durchdringt
Eine graue Welt voll schemenhafter Umrisse
Trittst du endlich vom Schatten ins Licht

30.09.20

114

Buchstaben, die mir Trost spenden, mir von einer anderen Geschichte erzählen, obwohl ich immer nur unsere lesen will; viel lieber noch erleben will. Warum endet das Buch hier?

Danksagung

Ich danke allen, die mich bei der Entstehung dieses Buches unterstützt haben. Allen voran meinem Freund Peter für seine Liebe und seine Ratschläge. Mein Dank gilt Danny fürs Korrekturlesen, Anna für die schöne Covergestaltung, Tini für die einzigartige Zeichnung, Claudia für die Inspiration zur ersten Rubrik und natürlich auch allen Testleser:innen für ihre Anmerkungen.

Es würde diese Seite sprengen, wenn ich jede:n aufzählen würde, der mich darin bestärkt hat, diesen Gedichtband zu publizieren. Euch habe ich es zu verdanken, dass ich nun mein eigenes Buch in den Händen halten kann und mir somit meinen Kindheitstraum erfüllen konnte.

Zuletzt möchte ich dir danken, liebe:r Leser:in. Dafür, dass du dir Zeit genommen hast, meine Gedichte zu lesen. Schreib mir gerne deine Meinung dazu per E-Mail.

Danke für alles!
Ich hab euch lieb.

Eure Alexia